Mamá, me ha venido la regla

Julia Serrano

Sociedad Actual · Editorial Arcopress
Directora editorial: Isabel Blasco
Diseño y maquetación: Teresa Sánchez-Ocaña

Imprime: Gráficas La Paz
ISBN: 978-84-17057-56-5
Depósito Legal: CO-1672-2018
Hecho e impreso en España - Made and printed in Spain

A todas la niñas del mundo,
sin importar su edad.

Cuando me he levantado esta mañana
he ido a hacer pis, como todos los días,
y he descubierto una mancha en mis bragas.

Era entre marrón y roja... No me he asustado, sabía que pasaría y sé que es motivo de **ALEGRíA**. Estoy sana, mi cuerpo funciona correctamente, estoy creciendo y este es un paso más hacia mi madurez... ¡Hoy empieza una nueva etapa de mi vida!

He salido del baño y he corrido a la cocina donde desayunaba mi familia.

-¡¡Mamá, me ha venido la regla!!- he gritado.

Todos han aplaudido. Luna, mi perrita, saltaba y daba ladridos, como si lo entendiera.

Hasta mi hermano pequeño aplaudía como loco.

Mi madre se ha levantado, me ha abrazado y cubierto de besos. Mi padre nos miraba y esperaba su turno. Me ha sentado en sus rodillas, como cuando era pequeña, me ha abrazado y me ha dicho:
-¡Ay, mi niña!
-Voy a organizarlo todo para esta tarde -ha dicho mi madre- hoy es TU día.

Y mientras yo desayunaba, ella se ha lanzado al teléfono para invitar a las mujeres de la familia a mi fiesta.

Me siento contenta y, como me dijo mi madre, escucho a mi cuerpo que me pide que hoy me tome las cosas con calma.

Decido darme un baño caliente.
Pongo velas y música.

Nunca lo había hecho así antes
pero hoy quiero estar un rato
conmigo a solas.

Aviso al resto de la familia que
voy a estar ocupada y me
sumerjo entre las burbujas...

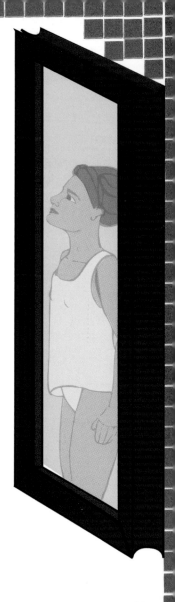

Tengo un poco de miedo y más de una duda.

Esta tarde, en la reunión de mujeres,

-¿Cuántos días voy a estar sangrando?
-¿Me hará falta una transfusión después?
-¿Huelo mal cuando tengo la regla?
-¿Me dolerá?
-¿Soy una mujer y de repente he dejado de poder disfrutar como una niña?
Me las apunto mentalmente.

podré preguntar todo lo que quiera.

Felicidades por tus
súper-poderes!!
Fdo: Los Chicos.

A la hora de la comida he recibido un ramo de flores precioso y en la tarjeta pone:

-"Felicidades por tus superpoderes"-
Fdo. Los chicos

JAJAJA. Me he reído al recordar cómo mi madre cuenta que los días de la regla es como si tuviese un superpoder, pues puedes oír y ver cosas que los demás no pueden. Ahora podré comprobar si es cierto...

Está siendo un día muy bonito.

Me he cambiado la compresa después de comer y me he tumbado en la cama a descansar.

No es que haya hecho muchas cosas pero sí es cierto que me siento como si fuese a cámara lenta.

Mi madre me ha dicho que respete mis tiempos y hoy no me meta prisa, que llegará otro momento del ciclo en que tendré toda la energía de la que hoy no dispongo.

Al despertar de la siesta, mi abuela ha entrado en la habitación. Estaba guapíiisima con un vestido rojo. Me ha dado un paquete.

Está siendo un día mágico.

–¡Es un pañuelo rojo precioso!

Me abraza con fuerza y siento que puedo descansar en sus brazos; mi abuela es una mujer sabia y muy guapa.
–Gracias, yaya.

Me ayuda a escoger un vestido y me peina. Me gusta que mi abuela me peine. Me mira a través del espejo y me dice "¡GUAPA!". Lo hace y dice de tal forma que siempre la creo.

-¡Ooooh!-
me quedo sin palabras.

Está todo precioso. Las mujeres de la familia están allí: mis tías, mis primas mayores, tías abuelas, Vega, mi vecina y Mª José, mi gran amiga. Todas llevan algo rojo y brillan a la luz de las velas. Están sentadas en círculo, mi abuela me lleva hasta el centro y todas cantan mientras se acercan a besarme y abrazarme.

Hay un hueco libre para mí, lo veo y lo ocupo. **SOY** una más en el círculo.

Hay flores, dulces, agua fresca y té caliente.

Todas hablan al mismo tiempo mientras se toman algo. Mª José está a mi lado. Ella tuvo su fiesta hace unos meses y la noto contenta por estar aquí conmigo.

Las mujeres más mayores de la familia se ponen en pie, las demás callan y observan.

-Primavera- dice una.

-Verano- dice la otra.

-Otoño- se oye desde el otro lado.

-Invierno.

¡¡No entiendo nada pero me gusta!!

Entonces mi abuela toma la palabra.

-Somos cíclicas. Como el año, nosotras también tenemos estaciones y cada mes vamos atravesando distintas etapas:

En invierno, que es la etapa en la que tú estás ahora mismo, justo cuando te llega la regla, es tiempo de descansar. De descansar

y preguntarnos cómo estamos, qué queremos, qué necesitamos.

Nuestro cuerpo habla y es en este momento cuando abre sus compuertas para dejarnos ver su interior.

Después del invierno comienza la primavera, la energía renovada nos da fuerza para poner en práctica todo lo que hemos decidido en invierno. Los días son más largos, no hace tanto frío y nosotras estamos en el momento de hacer cosas con determinación y precisión.

Verano... Luz y calor, momento para "echarse a la calle", divertirse, socializar, empatizar con los demás, mostrarnos abiertamente, con todo lo que somos... nos vemos guapas, nos sentimos fuertes y seguras.

El otoño nos recoge para ir descendiendo poquito a poco a nuestro encuentro, nos hace ser más críticas, nos pone en contacto con lo que **NO NOS** gusta.

Es un buen momento para reflexionar y canalizar toda esa energía hacia la creatividad.

El ritmo sigue bajando para llegar otra vez al invierno... **Es importante saber en qué estación te encuentras.**

- Sí -dice mi prima- ¡no vaya a ser que salgas en bañador y estés en pleno enero!

JAJAJA. Todas ríen y yo con ellas. No lo entiendo mucho, se me debe notar un poco porque mi tía Juli me mira y me tiende un regalo. Lo abro.

-**Es** un calendario con las fases lunares, y espacios en blanco. Hoy es luna nueva -me dice-. Mira la luna que hay en ti y ve apuntando cómo te sientes. Poco a poco irás conociendo cómo funcionan las "estaciones" en tu cuerpo.

-**Sí**, -asienten todas- no se puede comprender todo en un día, lleva su tiempo, pero es un bonito camino y no estás sola.

Aquí estamos todas nosotras.

Caminamos juntas.

Cada una de ellas me entrega
una cuenta de collar y las voy
metiendo poco a poco en un hilo;
cuando está terminado
mi madre me lo pone, me besa
y me dice:
—Cariño, disfruta mucho de
tu cuerpo, de tu sabiduría
y nunca dudes de ti misma.
    Así que respiro profundamente,
cojo aire y digo:
—Tengo algunas preguntas.
—¡Lanza! Contestaremos a todo.

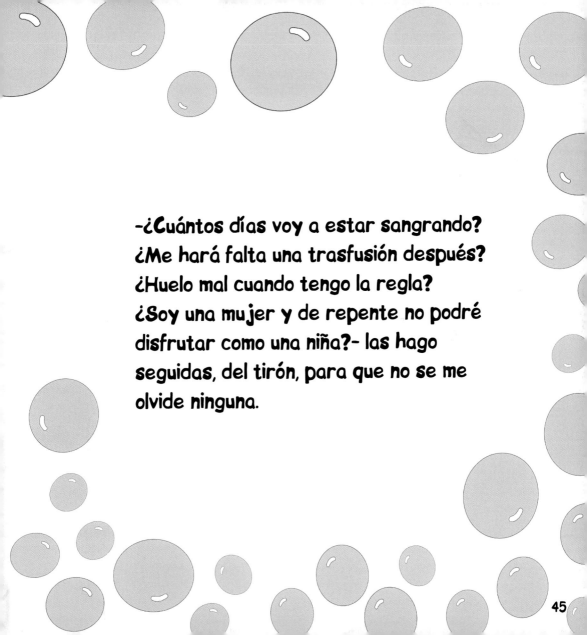

-¿Cuántos días voy a estar sangrando?
¿Me hará falta una trasfusión después?
¿Huelo mal cuando tengo la regla?
¿Soy una mujer y de repente no podré
disfrutar como una niña?- las hago
seguidas, del tirón, para que no se me
olvide ninguna.

-El sangrado puede durar dos días o cinco, y no, no necesitarás una trasfusión porque la sangre que expulsamos no es del torrente sanguíneo. Viene del útero y tiene muchos minerales, incluso ¡tiene células madre! -dice la tía Irene, que siempre está a la última de todo.

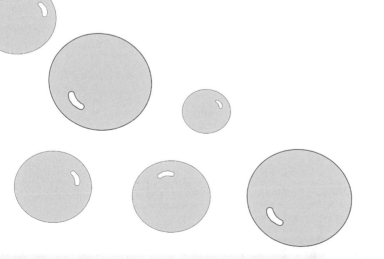

Todas ríen, mi tía May me abraza y dice:
-El olor corporal es distinto y hueles de
maravilla. Ese olor es un mensaje al mundo
de que HOY eres más sabia.

-Y no dejes de jugar y disfrutar -dice la
tía Marta, la más joven de la familia- queda
todavía un largo camino hasta que seas adulta.
Pero cuando lo seas recuerda que puedes
seguir pasándolo bien, como una niña...

Estoy cansada y decido retirarme.
Agradezco a todas estas mujeres los
regalos y sus palabras y me comprometo
a disfrutar de mi feminidad, a cuidar
mi cuerpo, a amarlo y respetarlo.

Ellas me apoyan en esta
nueva etapa.

Me cambio la compresa. Me meto en la cama. Apago la luz y caigo rendida.

Buenas noches vida.

EL ÚTERO

El útero es el
órgano reproductor
femenino.
Normalmente se
representa con los
ovarios para abajo,
pero los ovarios de
una persona viva
están hacia arriba,
como sacando
músculo.

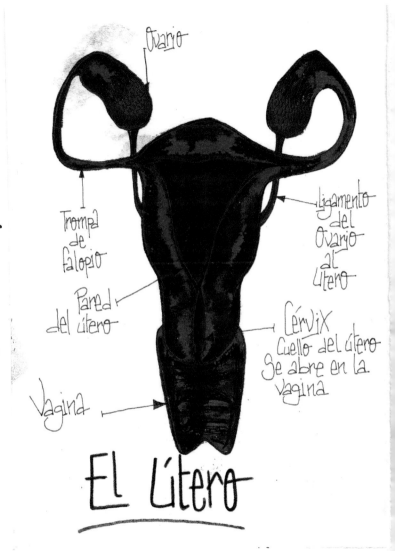

Ovario

Trompa
de
falopio

Pared
del útero

Vagina

Ligamento
del
Ovario
al
útero

Cérvix
Cuello del útero
Se abre en la
vagina

EL Útero

Vello publico

Monte de Venus

La Vagina

LA VAGINA

Este es el dibujo de una vagina.
Como siempre en la vida las mujeres
somos diversas y diferentes y, aunque
los elementos de una vagina son los
mismos en un cuerpo femenino, cada
vagina es única y diferente.

Algunas mujeres tienen un clítoris más
prominente, otras pueden tener grandes
labios menores, algunas tenemos más vello,
pero todas las vaginas son únicas.

EL APARATO GENITAL

El cuerpo femenino y masculino es muy
similar por dentro pero nos diferencian
entre otras cosas los órganos reproductivos.
Es importante conocer nuestro cuerpo
para entender sus funciones.

Aparato Genital femenino

Ovario

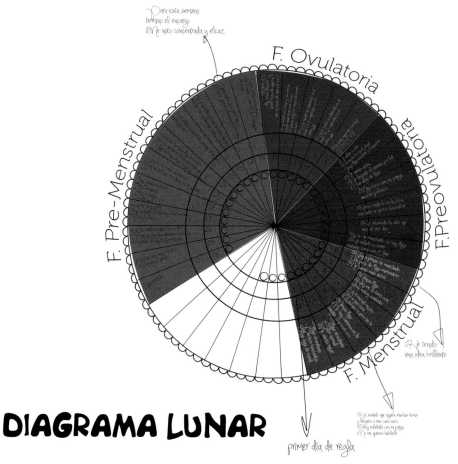

DIAGRAMA LUNAR

Con este diagrama lunar podrás apuntar, como en un diario, los momentos del ciclo en los que te encuentras. Es una herramienta para observar los cambios en tu cuerpo y en tu estado de ánimo. ¡Pronto te conocerás mejor que nadie!

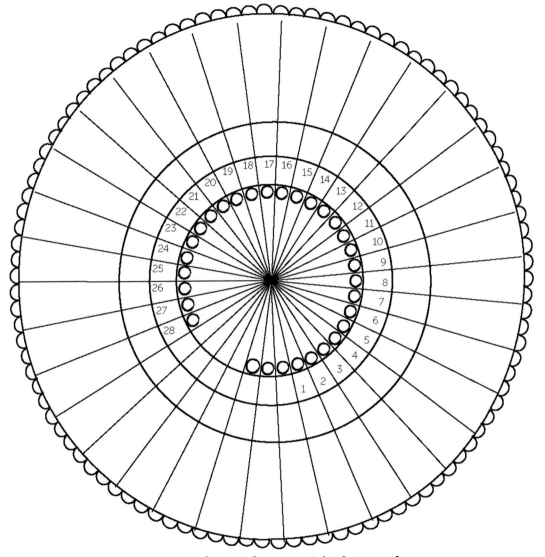

Mamá, me ha venido la regla